Kochbuch

BLITZREZEPTE FÜR STUDENTEN

schnell & preiswert kochen:
100 Rezepte für jeden Tag

Jana Dembers

Covergestaltung: Ömer Apaydin
Jana Dembers wird vertreten durch:
Ömer Apaydin
Unterer Grifflenberg 43
42119 Wuppertal
Kontakt: oemer.ap@mail.de
ISBN: 9781726705356

Inhaltsverzeichnis

Vorwort

Vorlesungen, Seminare, Übungen, Hausarbeiten, Prüfungen – das Leben eines Studenten kann ziemlich schwierig und hektisch werden. Besonders dann, wenn man nicht weiß, wie man seine Zeit optimal nutzen soll.

Mit dem Studium beginnt für die meisten Menschen eine ganz neue Phase des Lebens, keine Frage. Vor allem, wenn man auszieht und sich eine eigene Wohnung suchen oder eine WG gründen muss, kommen noch mehr Aufgaben auf einen zu. Denn die Mama ist nicht mehr da. Niemand kümmert sich um die Wäsche, keiner putzt den Boden und das Essen lässt lange auf sich warten.

Als Student wird man immer selbständiger, auch wenn es das Schicksal ist, das einen dazu zwingt. Auch das Kochen gehört dazu – dabei muss man allerdings nicht unbedingt der beste Koch der Welt sein oder gar mehrere Stunden vor dem Herd verbringen. Das kann man sich als Student nicht leisten, die Zeit ist dazu nicht vorhanden.

Genau aus diesem Grund haben Sie sich diesen Ratgeber geholt! Um endlich mal leckere und einfache Rezepte blitzschnell zubereiten zu können! Ob zwischendurch oder nach einem langen Tag an der Uni – dieses Buch kümmert sich um Ihren leeren Magen.

Wichtig!

In diesem Kochbuch finden Sie eine Vielzahl an verschiedenen Rezepten, die Sie allesamt ausprobieren und kosten können. Zu jedem Rezept finden Sie eine Liste mit den Zutaten und eine Schritt für Schritt Anleitung. Die Zutaten können Sie bei Bedarf verdoppeln oder verdreifachen – je nachdem, wie viele am Essen teilhaben sollen.

Im Idealfall lesen Sie sich die Anleitung vorher einmal komplett durch. So haben Sie den Plan grob im Kopf und wissen, was als nächstes zu tun ist. Außerdem können Sie gerne auch mal eigene Ideen mit einbinden. Als ich damals die ersten

Rezepte aus dem Internet ausprobiert habe, wurden daraus ganz schnell meine eigenen Ideen – denn Geschmäcker sind verschieden!

Die Beschreibungen sind – zugegeben – sehr knapp und lieblos gehalten. Das hat den Grund, dass ich selbst lange Anleitungen nicht ausstehen kann. Wenn ich ein Problem habe, möchte ich schließlich sofort zur Lösung und nicht vorher noch drei Runden um den Block drehen! Für eine blitzschnelle Zubereitung gehört eben auch eine schnelle Anleitung dazu. Genau das finden Sie in diesem Kochbuch.

Die Rezepte in diesem Buch nehmen im **schlimmsten Fall** 30 Minuten in Anspruch. Dazu gehören allerdings nur sehr wenige Rezepte - denn selbst diese kann man noch schneller zubereiten, wenn man sie schon ein oder mehrere Male zubereitet hat.

Die meisten Rezepte sind innerhalb von etwa 20 Minuten servierfertig, darauf können Sie sich verlassen. Es sind insgesamt über 100 Stück!

Ein MUSS für jede Küche

Es gibt eine kleine Anzahl an Zutaten, Lebensmitteln und Geräten bzw. Zubehören, die sich in Ihrer Küche befinden sollten. Um vorweg wieder einmal meinen Favoriten zu erwähnen: ist es der Mini-Backofen. Besonders zu Anfangszeiten, in denen ich mich fast ausschließlich nur von Pizza und Baguette ernährt habe, hat mir der Mini-Backofen wortwörtlich das Leben gerettet.

Später habe ich gemerkt, dass es in vieler Hinsicht sehr günstig ist. Der Mini-Backofen braucht nämlich nicht so lange für die Hitze, verbraucht viel weniger als ein normaler Ofen und zudem reicht die Größe vollkommen aus. Außerdem ist er sehr leicht zu bedienen – da kann man nicht viel falsch machen!

Lebensmittel und Zutaten

Bevor wir uns mit den Zubehören beschäftigen, hier eine kleine Liste mit den Lebensmitteln und Zutaten, die man immer in Ihrer Küche finden sollte:

- Butter

- Speiseöl

- Mehl

- Salz

- Zucker

- Eier

- Milch

- Brot

- Obst

- Gemüse

Nachdem sich eine Routine entwickelt hat, werden Sie Ihre eigene Liste haben. Auch hier sind es nämlich immer dieselben

Zutaten und Lebensmittel, die man verwendet. Ich denke, die oben genannten gehören in jede Küche hinein.

Geräte und Zubehör

Meiner Erfahrung nach braucht man keine Hightech-Küche. Grundlegende Zubehöre kann man sehr vielfältig verwenden und sie reichen vollkommen aus. Diese wären:

- Spüle

- Kühlschrank: ob sich ein Mini-Kühlschrank lohnt, müssen Sie selbst wissen. Ansonsten kommt man an einem Kühlschrank nicht herum.

- Herdplatte: am besten elektrisch und mit zwei Platten. So brauchst man als Student auch nicht unbedingt ein teures Herd besorgen. Die Herdplatte kann man auch einfach auf eine ganz normale Arbeitsplatte stellen.

- Backofen: wie bereits ganz zu Beginn erwähnt, am besten ein Mini-Backofen, den man schon ab etwa 30€ erwerben kann.

Zubehöre:

- Besteck: Gabel, Löffel, sowie Buttermesser

- kleines Schälmesser

- großes Küchenmesser

- Holzlöffel

- Holzbrett

- Schneebesen

- Bratenwender

- Multireibe

- kleiner Topf, großer Topf

- kleine Pfanne, große Pfanne

- Backblech

- Auflaufform

- Handrührgerät/Pürierstab

Sonstiges:

- Alufolie

- Backpapier

- Frischhaltefolie

- Gefrierbeutel

Mit dieser Ausrüstung sollten Sie bestens vorbereitet sein, um jegliche Rezepte zubereiten zu können. Weiteres ist eher so etwas wie Luxus und nicht unbedingt nötig. Außer Sie haben Ihre eigenen Erfahrungen mit bestimmten Geräten gemacht, dann befinden sich diese bestimmt bereits in Ihrer Küche.

Meine Favoriten

Oftmals ist es so, dass man sich zwischen der ganzen Anzahl an Möglichkeiten auf wenige beschränkt. Das kennen wir beispielsweise aus unserer eigenen Kleidung. Wir kaufen so viel ein und haben Kleidungsstücke in den verschiedensten Farben – doch am Ende sind es meistens dieselben, die wir eigentlich immer wieder tragen. Der Rest liegt einfach im Kleiderschrank herum.

Auch bei den Rezepten war es bei mir so, dass ich zwar für sehr viele verschiedene gesorgt habe – letztendlich sind es dennoch nur 10 Rezepte, die ich immer wieder zubereitet habe. Der Rest war dann eher so eine Ausnahme oder ich habe sie mal ausprobiert und es ging für mich nicht ganz so fix.

Daher habe ich meine Favoriten in den ersten Seiten festgelegt. Das sind die Rezepte, die ich zu 80% immer zubereitet habe. Natürlich habe ich sehr viele verschiedene Rezepte ausprobiert und manchmal auch aus Leidenschaft gekocht. Doch als Student und besonders während des Semesters bleibt einem nicht lange Zeit zum Überlegen und Kochen. Auch während der Prüfungsphase – oder kurz davor – möchte man keinen Moment mit unnötigen Dingen vergeuden.

Daher die Favoriten gleich zu Beginn. Das Schöne an den Rezepten ist, dass Sie immer Ihre eigenen Ideen und Vorlieben einbauen können. Besonders bei den Favoriten zu Beginn können Sie allein durch die Wahl anderer Früchte sehr viel herausholen.

Ansonsten können Sie sich der gesamten Liste bedienen. Die Rezepte sind sehr verschieden und bringen ordentlich Abwechslung in die Küche.

Pfannkuchen mit Joghurt und Erdbeeren

Zutaten:

- 2 Eier

- 150 g Joghurt

- 100 g Erdbeeren

- 100 ml Milch

- 10 ml Kokosöl

- 2 EL Eiweißpulver

- Prise Salz

Zubereitung:

- Eier, Milch, Pulver und Kokosöl in eine Schüssel geben

- Herd einstellen

- mit Schneebesen umrühren, sodass flüssiger Teig entsteht

- Salz dazugeben

- Teig in Pfanne gießen, wenden und stapeln

- Erdbeeren halbieren

- Joghurt über Pfannkuchen und mit Erdbeeren servieren

Brennwert: ca. 300 Kalorien

Low Carb Pancakes

Zutaten:

- 2 Eier

- 1 Banane

- handvoll Beeren nach Wahl

- 1 EL Kokosöl

- Prise Zimt

Zubereitung:

- Bananen klein schneiden

- Eier und Bananen in eine Schüssel geben und zu einem Brei rühren

- Brei in Pfanne mit 1 EL Kokosöl backen, wenden

- fertige Pancakes fertigstellen und mit Beeren garnieren

Brennwert: ca. 360 Kalorien

Müsli mit Erdnüssen

Zutaten:

- 250 g Magerquark

- 100 ml Wasser

- handvoll Erdnüsse

- Obst nach Wahl

Zubereitung:

- Magerquark und Wasser in eine Schüssel geben, durchrühren und quellen lassen

- Nüsse fein hacken und in Schüssel geben

- Obst klein schneiden und ebenfalls in Schüssel geben

- ordentlich durchrühren

Brennwert: ca. 200 Kalorien

Haferflocken mit Apfel und Erdbeeren

Zutaten:

- 50 g Haferflocken

- 100 ml Milch

- 1 Apfel

- 50 g Erdbeeren

- 2 TL Zimt

Zubereitung:

- Haferflocken in eine Schüssel geben

- Apfel und Erdbeeren klein schneiden und ebenfalls in die Schüssel geben

- Milch und Zimt dazugeben und durchrühren

Brennwert: ca. 350 Kalorien

Paprika Spiegelei

Zutaten:

- 3 Eier

- 1 rote Paprika

- 1 EL Butter

- Salz und Pfeffer

Zubereitung

- Paprika quer schneiden, sodass es eine Ringform annimmt

- Pfanne mit Butter bestreichen und Paprika Ringe verteilen

- Eier in Paprikaringe aufschlagen und braten lassen

- mit Salz und Pfeffer würzen

Brennwert: ca. 350 Kalorien

Rührei mit Speck

Zutaten:

- 3 Eier

- 20 g Speck

- 4 EL Schlagsahne

- 1 EL Butter

Zubereitung:

- Speck klein schneiden und in Pfanne mit Butter anbraten

- Ei mit Schlagsahne verquirlen

- dieses dann ebenfalls in die Pfanne geben

- mit Salz und Pfeffer würzen

- braten lassen und gelegentlich wenden

Brennwert: ca. 350 Kalorien

Magerquark mit Schokolade und Bananen

Zutaten:

- 250 g Magerquark

- 20 ml Milch

- 2 Bananen

- 10 g Schokoraspeln

Zubereitung:

- Quark und Milch in eine Schüssel geben durchrühren

- Bananen klein schneiden und in Schüssel geben

- Schokoraspeln drüber streuen

Brennwert: ca. 400 Kalorien

Joghurt mit Früchten

Zutaten:

- 200 g Joghurt

- 200 ml Wasser

- 3 verschiedene Früchte, je nach Jahreszeit (freie Wahl)

- 2 EL Mandelmilch

- 1 EL Honig

Zubereitung:

- Joghurt und Wasser in eine Schüssel geben und durchrühren

- Mandelmilch und Honig dazu geben

- Früchte klein schneiden, ebenfalls in die Schüssel geben und nochmal ordentlich umrühren

Brennwert: ca. 300 Kalorien

Sandwich mit Eiersalat

Zutaten:

- 2 Toastscheiben

- 1 Ei (gekocht)

- ½ Frühlingszwiebel

- 1 EL Mayonnaise

- Salz und Pfeffer

Zubereitung:

- Ei schälen und fein hacken, Zwiebel ebenfalls fein hacken

- Ei und Zwiebel in Schüssel mit Mayonnaise vermischen, würzen

- Toastscheibe mit Eiersalat bestreichen

- andere Toastscheibe drauflegen, diagonal schneiden

Brennwert: ca. 250 Kalorien

Espresso Crepes

Zutaten:

- 50 g Mehl

- 1 Ei

- 25 ml Espresso

- 1 EL Butter

- Puderzucker

Zubereitung:

- Mehl in einer Schüssel mit Ei, Milch und Espresso zu einem Teig verrühren

- Butter in einer Pfanne zerlassen und Teig darin backen

- Crepes mit Puderzucker bestäuben

Brennwert: ca. 280 Kalorien

Blitzrezepte

Viel Spaß beim Zubereiten der folgenden Rezepte!

Thunfisch-Avocado

Zutaten für 2 Person:

- 4 Avocados

- 2 Dosen Thunfisch

- 2 EL Olivenöl

- 2 EL Kapern

- Salz und Pfeffer

Zubereitung:

- Avocado halbieren und Fruchtfleisch entnehmen

- Thunfisch abtropfen und mit Fruchtfleisch in eine Schale geben

- Kapern und Öl dazugeben

- mit Salz und Pfeffer würzen

Brennwert: ca. 570 Kalorien

Rinderfilet mit Gemüse

Zutaten für 2 Personen

- 600 g Rinderfilet

- 12 kleine Tomaten

- 12 Champignons

- 2 Kartoffeln

- 8 Thymian

- 4 EL Butter

- 2 EL Olivenöl

- Salz und Pfeffer

Zubereitung:

- Kartoffeln als Ganze in Topf kochen, raus nehmen und klein schneiden

- Champignons und Tomaten halbieren

- Filet in Pfanne mit Öl von beiden Seiten braten

- Thymian dazugeben und Pfanne in vorgeheizten Ofen bei ca. 150° geben

- nach etwa 5 Minuten Tomaten, Kartoffeln und Champignons dazugeben und nochmal in den Ofen geben

- zum Schluss mit Salz und Pfeffer würzen

Brennwert: ca. 400 Kalorien

Schnitzel mit Paprika

Zutaten für 2 Personen:

- 4 Schnitzel

- 4 Paprikaschoten

- 50 g geriebener Käse

- 4 Zwiebeln

- 2 El Mehl

- 2 EL Olivenöl

- 250 ml Gemüsebrühe

- Salz und Pfeffer

Zubereitung:

- Zwiebeln und Paprika klein schneiden

- Zwiebeln und Paprika in Pfanne mit Öl kochen andünsten

- Gemüsebrühe dazugießen und pürieren

- Schnitzel abspülen, in Mehl und Käse tupfen und wenden

- Schnitzel in Pfanne geben und beiden Seiten braten lassen

- mit Salz und Pfeffer würzen

Brennwert: ca. 280 Kalorien

Rind-Pfanne mit Brokkoli

Zutaten:

- 200 g Rindfleisch
- 250 g Brokkoli
- 10 ml Kokosöl
- 20 ml Sojasoße
- Salz und Pfeffer

Zubereitung:

- Brokkoli klein schneiden und in Topf mit Wasser ca. 10 Minuten kochen lassen
- währenddessen Rindfleisch klein schneiden und in Schüssel geben
- Sojasauce in die Schüssel geben
- Rindfleisch in Pfanne mit Kokosöl braten
- Brokkoli abtropfen und in die Pfanne geben
- mit Salz und Pfeffer würzen

Brennwert: ca. 450 Kalorien

Chili con Carne

Zutaten für 2 Personen:
- 300 g Rindfleisch
- 200 g Bohnen
- 200 g Mais
- 2 Tomaten
- 2 rote Peperoni
- 1 Zwiebel
- 2 EL Erdnussöl
- 2 EL Tomatenmark
- 1 TL Chilischote
- 1 TL Paprikapulver

Zubereitung:
- Tomaten und Peperoni klein schneiden
- Rindfleisch klein schneiden und in die Pfanne geben
- Tomatenmark, Zwiebeln und Peperoni in die Pfanne geben
- Chilischoten drüber streuen
- Tomaten dazugeben und etwa 10 Minuten kochen lassen
- währenddessen Bohnen waschen, abtropfen und dazugeben
- Mais dazu geben und weitere 5-10 Minuten kochen lassen
- mit Salz, Pfeffer und Paprikapulver würzen

Brennwert: ca. 280 Kalorien

Gegrillte Forellen

Zutaten:

- 250 g Forellen

- 2 Thymian

- 1/2 Zitrone

Zubereitung:

- Zitrone in Scheiben schneiden

- Forellen auf Alufolie verteilen

- Zitronenscheiben und Thymian in Forelle stopfen

- mit Salz und Pfeffer würzen

- Forellen in Alufolie wickeln und im vorgeheizten Ofen bei 150° C 15 Minuten garen oder auf Grill legen

Brennwert: ca. 300 Kalorien

Tofu-Brokkoli Pfanne

Zutaten:

- 100 g Tofu

- 200 g Brokkoli

- 50 ml Gemüsebrühe

- 1 Frühlingszwiebel

- 1 Knoblauchzehe

- 40 g geröstete Erdnüsse

- 2 EL Olivenöl

- Salz und Pfeffer

Zubereitung:

- Tofu in kleine Stücke schneiden und in Pfanne mit 1 EL Olivenöl anbraten

- Brokkoli, Zwiebel und Knoblauch fein schneiden

- Brokkoli in separate Pfanne mit 1 EL Olivenöl kochen lassen

- nach 5 Minuten Brokkoli Pfanne mit Gemüsebrühe löschen

- Tofu, Zwiebeln und Knoblauch dazugeben kochen lassen

- Erdnüsse klein hacken

- mit Salz und Pfeffer würzen

- auf Teller servieren und Erdnüsse darüber streuen

Brennwert: ca. 300 Kalorien

Auberginen mit Käse überbacken

Zutaten für 2 Person:

- 1 große Aubergine

- 300 g Tomaten

- 2 Frühlingszwiebeln

- 3 Knoblauchzehe

- 100 g Schafkäse

- 4 EL Olivenöl

- 2 EL Gemüsebrühe

Zubereitung:

- Auberginen und Tomaten in Scheiben schneiden und in Auflaufform verteilen

- 3 EL Öl darüber gießen

- Zwiebeln und Knoblauch klein schneiden und in Auflaufform geben

- Gemüsebrühe dazugeben

- Auflaufform 15 Minuten in vorgeheizten Ofen bei 160 °C geben

- währenddessen Schafkäse zerbröseln und nach 15 Minuten mit 1 EL Öl in Auflaufform geben

- noch einmal 5 Minuten in Ofen geben

Brennwert: ca. 510 Kalorien

Ratatouille

Zutaten für 2 Personen:

- 1 Aubergine

- 1 Zucchini

- 2 Paprika

- 1 Zwiebel

- 1 Knoblauchzehe

- 1 Tomate

- 2 EL Olivenöl

- 40 ml Weißwein, trocken

- Salz, Pfeffer und Basilikum

Zubereitung:

- Knoblauch, Zwiebeln, Aubergine und Tomaten klein schneiden

- Zucchini und Paprika in Streifen schneiden

- Knoblauch und Zwiebeln fein schneiden und in Pfanne mit Öl andünsten

- Paprika, Auberginen und Zucchini in die Pfanne geben und 3 Minuten kochen lassen

- Tomaten dazugeben, Wein drüber gießen und etwa 15 Minuten kochen lassen

- mit Salz, Pfeffer und Basilikum würzen

Brennwert: ca. 280 Kalorien

Gefüllte Zucchini

Zutaten:

- 1 Zucchini
- 125 g Rind
- 25 geriebener Mozzarela
- 1 Paprika
- ½ Zwiebel
- 1 Knoblauchzehe
- 1 EL Tomatenmark
- 2 EL Olivenöl
- Salz, Pfeffer und Oregano

Zubereitung:

- Zucchini längst durchschneiden und Fruchtfleisch entnehmen und klein schneiden
- Paprika, Zwiebeln, Knoblauch und Tomaten klein schneiden
- Rind klein schneiden und in Pfanne mit Öl anbraten
- Knoblauch und Zwiebeln dazugeben und braten lassen
- Paprika, Zucchini Fruchtfleisch und Tomatenmark dazugeben, würzen
- Zucchini-Hälften mit Fleisch-Gemüse füllen und Mozzarella darüber streuen
- etwa 10 Minuten in vorgeheizten Ofen bei 200° C geben

Kalorien pro Person: ca. 490

Lachs mit Spinat und Schafkäse

Zutaten:

- 100 g Lachsfilet
- 50 g Spinat
- 60 g Schafkäse
- 30 g Frischkäse
- 1 Frühlingszwiebel
- 1 EL Olivenöl
- Salz und Pfeffer

Zubereitung:

- Backofen auf 180° vorheizen
- Frühlingszwiebel klein schneiden
- Schafkäse klein schneiden
- Spinat, Schafkäse, Frischkäse und Zwiebeln in Schüssel geben und mischen
- Lachs in eine Auflaufform mit Öl geben
- Spinat-Käse auf Lachs geben
- mit Salz und Pfeffer würzen
- 15 Minuten in den Ofen geben

Brennwert: ca. 440 Kalorien

Tomatennudeln mit Zucchini

Zutaten für 2 Personen:

- 500 ml Tomatenmark

- 130g Spaghetti

- 300 g Zucchini

- 125g Mozzarella

- 1 EL Rapsöl

Zubereitung:

- Tomatenmark und Nudeln in Topf geben und 10 Minuten kochen lassen

- mit Salz und Pfeffer würzen

- Zucchini nach Länge dünn schneiden und in Pfanne mit Öl braten lassen

- ebenfalls mit Salz und Pfeffer würzen

- Mozzarella würfeln und in Topf geben

- Tomatennudeln mit Zucchini servieren

Brennwert: ca. 490 Kalorien

Putenbrust-Wraps

Zutaten:

- 2 Scheiben Putenbrust

- 2 Blätter Eisbergsalat

- ½ Paprikaschote

- 2 EL Mehl

- 1 EL Erdnussbutter

- 40 ml Wasser

- Prise Salz

Zubereitung:

- Mehl, Salz und Wasser in Schüssel geben, mixen und kneten

- Paprika und Salatblätter fein schneiden

- Teig ausrollen und in Pfanne etwa 2 Minuten auf beiden Seiten backen

- Fladen raus nehmen und mit Erdnussbutter bestreichen

- Putenbrust, Salat und Paprika verteilen und rollen

Brennwert: ca. 380 Kalorien

Kokosmilch-Reis

Zutaten für 2 Personen:

- 100 ml Kokosmilch

- 80 g Reis

- 2 Mango

- 2 Limetten

- 300 ml Wasser

- 30 g Zucker

Zubereitung:

- Reis in Topf mit Wasser und Kokosmilch etwa 10 Minuten kochen lassen

- Zucker dazugeben

- Mango halbieren, Fruchtfleisch schälen, klein schneiden und in ein große Schale geben

- Limette schneiden und Saft in Schale pressen

- Reis in Schale unterrühren und servieren

Brennwert: ca. 500 Kalorien

Lammfleisch mit Kürbis

Zutaten für 2 Personen:

- 500 g Kürbis

- 70 g entsteinte Oliven

- 250 g gehacktes Lamm

- 300 g Rosinen

- Prise Salz und Oregano

- 2 EL Olivenöl

Zubereitung:

- Kürbis und Oliven fein schneiden

- Lammfleisch in Pfanne mit 2 EL Olivenöl anbraten

- Kürbis, Oliven und Rosinen in die Pfanne geben, etwa 5 Minuten kochen lassen

- mit Salz und Oregano würzen, gut umrühren

Brennwert: ca. 300 Kalorien

Schinken-Käse-Röllchen

Zutaten:

- 3 Scheiben Schinken

- 3 Scheiben Emmentaler Käse

- 3 entsteinte Oliven

- Petersilie

- 1 El Olivenöl

Zubereitung:

- Oliven klein schneiden, Petersilie klein hacken

- jeweils eine Scheibe Emmentaler auf Schinken legen

- Oliven und Petersilie auf Scheiben legen

- Scheiben rollen und mit einem Zahnstocher fixieren

Brennwert: ca. 300 Kalorien

Pilzpfanne

Zutaten:

- 500 g Champignons

- 20 g Bauchspeck

- 200 ml Sahne

- 30 ml Wasser

- 1 EL Olivenöl

- 2 Schalotte

- 1 EL Butter

- Muskat

- Salz und Pfeffer

Zubereitung:

- Champignons, Bauchspeck und Schalotten klein schneiden

- Schalotten und Bauchspeck in Pfanne mit Öl andünsten

- Champignons und Butter dazugeben

- Wasser dazugeben und kochen lassen

- Sahne dazugeben und nochmal kochen lassen

- Muskatnuss drüber streuen

- mit Salz und Pfeffer würzen

Brennwert: ca. 650 Kalorien

Gemüsepfanne

Zutaten:

- 200 g Schafkäse
- 1 Tomate
- 1 Zwiebel
- 1 Knoblauchzehe
- 1 Zucchini
- 3 Paprika, gelb oder rot
- 1 EL Olivenöl
- Salz und Pfeffer

Zubereitung:

- Tomaten, Zucchini, Zwiebel und Paprika klein schneiden
- Tomaten und Zwiebeln in einer Pfanne mit Öl andünsten
- Zucchini und Paprika dazugeben und kochen lassen
- Schafkäse schneiden und in Pfanne schmelzen lassen
- mit Salz und Pfeffer würzen

Brennwert: ca. 450 Kalorien

Gemüsepfanne mit Hähnchen

Zutaten für 2 Person:

- 4 Möhren

- 2 Zucchini

- 2 Zwiebeln

- 3 Auberginen

- 2 Paprika

- 4 Tomaten

- 400 g Hähnchen

- 500 ml Wasser

- 2 Knoblauchzehe

- 250 g Frischkäse

- 1 Schnittlauch

- 2 TL Olivenöl

- Salz und Pfeffer

Zubereitung:

- Möhren und Zwiebeln klein schneiden und mit Hähnchen in Pfanne mit Öl braten - Wasser dazugeben

- Paprika, Zucchini, Auberginen, Schnittlauch klein schneiden und in die Pfanne geben und kochen lassen

- Frischkäse dazugeben und nochmal kochen lassen

- mit Salz und Pfeffer würzen

Brennwert: ca. 450 Kalorien

Avocado mit Spinat

Zutaten für 4 Personen:

- 200 g Avocado

- 400 g Spinat

- 250g Erdbeeren

- 4 EL Balsamico

- Salz und Pfeffer

Zubereitung:

- Erdbeeren und Avocado klein schneiden und in Schale geben

- Spinat waschen und ebenfalls in die Schale geben

- auf Teller verteilen und mit Salz und Pfeffer würzen

Brennwert: ca. 250 Kalorien

Schnupfnudelpfanne

Zutaten:

- 150 g Schnupfnudeln

- 25 g Schinkenwürfel

- 150 g Sauerkraut

- 1 EL Öl

- ½ Zwiebel

- 50 g Schmand

- 2 EL Petersilie

- Prise Salz, Zucker, Pfeffer und Paprikapulver

Zubereitung:

- Sauerkraut abgießen und ausdrücken, Zwiebel fein würfeln

- Schinken in Pfanne mit Öl anbraten lassen

- danach Schnupfnudeln und Zwiebeln dazugeben und etwa 5 Minuten kochen lassen

- Sauerkraut und Zucker dazugeben und wieder 5 Minuten kochen lassen

- Petersilie dazugeben

- mit Salz und Pfeffer würzen

- Schmand, Salz, Pfeffer, Paprikapulver in einem Behälter vermischen

- Nudeln und Schmand in Topf geben und gut umrühren, servieren

Brennwert: ca. 550 Kalorien

Paprika Pasta

Zutaten:

- 100 g Penne

- 100 ml Gemüsebrühe

- ½ Zwiebel

- 1 Knoblauchzehe

- 2 EL Öl

- 4 EL Paprikapaste

- 2 Stiele Petersilie

- Prise Salz und Zucker

Zubereitung:

- Penne nach Packunsanweisung garen

- Zwiebel, Knoblauchzehe und Petersilie grob hacken

- Zwiebel und Knoblauchzehe in Topf mit 2 EL Öl andünsten

- Paprikapaste und Gemüsebrühe dazugeben

- mit Salz und Pfeffer würzen

- Nudeln abgießen, in Sauce geben und mischen

- servieren und Petersilie dazugeben

Brennwert: ca. 600 Kalorien

Tomaten-Avocado-Nudeln

Zutaten:

- 100 g Spaghetti

- 200 g Kirschtomaten

- ½ Avocado

- 5 Blätter Basilikum

- 3 EL Olivenöl

- 1 Knoblauchzehe

- Salz und Pfeffer

- jeweils 1 TL Zitronensaft und Chili-flocken

Zubereitung:

- Nudeln nach Packungsanweisung garen

- Tomaten und Fruchtfleisch von Avocado und Knoblauchzehe klein schneiden

- Basilikum grob zupfen

- alles in Schüssel mit Öl, Zitronensaft, Chili-flocken und Zucker geben und mischen

- mit Salz und Pfeffer würzen

- Nudeln abgießen und zur Mischung geben

Brennwert: ca. 530 Kalorien

Spaghetti mit Meeresfrüchten

Zutaten für 2 Personen:

- 200 g Spaghetti
- 250 g gemischte Meeresfrüchte
- 125 g Sahne
- 1 EL Olivenöl
- ½ Zwiebel
- ½ Knoblauchzehe
- Salz und Pfeffer
- Chili-flocken

Zubereitung:

- Spaghetti nach Packungsanweisung garen
- Zwiebel und Knoblauchzehe klein schneiden und in Pfanne mit Öl anbraten
- zuerst Sahne, anschließend Meeresfrüchte dazugeben
- Chili-flocken dazugeben, mit Salz und Pfeffer würzen
- Spaghetti abgießen und zur Mischung geben

Brennwert: ca. 670 Kalorien

Gebackener Schafkäse mit Tomaten-Rucola-Sauce

Zutaten für 2 Personen:

- 200 g Schafkäse

- 250 g Tomaten

- 50 g Rucola

- 30 g entsteinte Oliven

- 50 g Paniermehl

- 150 g Creme fraiche Classic

- 1 Ei

- 3 EL Speiseöl

- 1 Schalotte

- etwas Mehl

- Prise Salz, Pfeffer und Zucker

Zubereitung:

- Oliven, Tomaten und Schalotte würfeln

- Schalotte in Pfanne mit Öl anbraten

- Tomaten hinzufügen und kurz kochen lassen

- Oliven, Creme fraiche, und Zucker dazugeben

- mit Salz und Pfeffer würzen

- Schafkäse klein schneiden

- Ei durchrühren

- Schafkäse zuerst in Mehl, dann in Ei und anschließend in Paniermehl wenden

- diese zum Schluss in Pfanne mit Öl braten

- auf Teller mit Sauce servieren

Brennwert: ca. 550 Kalorien

Lachsfilet mit Gemüse

Zutaten für 2 Personen:

- 250 g Lachsfilet

- 50 g Zucchini

- 200 g grüne Bohnen

- 1 Zwiebel

- 2 Zweige Bohnenkraut

- 3 EL Sonnenblumenöl

- 150 g Creme fraiche

- 150 ml Wasser

- Salz und Pfeffer

Zubereitung:

- Zwiebel, Zucchini und Bohnenkraut fein schneiden

- Zwiebel in Pfanne mit 1 EL Öl andünsten

- Bohnen, Bohnenkraut und Wasser dazugeben und 5 Minuten kochen lassen

Zucchini und Creme fraiche dazugeben

- mit Salz und Pfeffer würzen

- Lachs in eigener Pfanne mit 2 EL Öl anbraten, mit Salz und Pfeffer würzen

- anschließend mit Bohnengemüse servieren

Brennwert: ca. 560 Kalorien

Fischsuppe

Zubereitung für 2 Personen:

- 300 ml Fischfond

- 100 g Schellfischfilet

- ½ Paprikaschote

- 1 Möhre

- 1 TL Rapsöl

- Salz und Pfeffer

Zubereitung:

- Paprika und Möhre in dünne Streifen schneiden

- Schalotte klein würfeln

- Öl in Pfanne erhitze, anschließend Paprika, Möhre und Schalotte andünsten

- mit Salz und Pfeffer würzen

- Fischfond dazugießen, zugedeckt etwa 5 Minuten kochen lassen

- Fischfilet abspülen, klein schneiden, in die Suppe geben und etwa 5 Minuten kochen lassen

- nochmal mit Salz und Pfeffer würzen

Brennwert: ca. 110 Kalorien

Quinoa-Salat

Zutaten:

- 100 g Quinoa

- 300 ml Wasser

- 120 g Kichererbsen

- 1 Avocado

- ½ Schafkäse

- Zitronensaft

- 1 EL Olivenöl

- 1 EL Essig

- Koriander

- Prise Salz

Zubereitung:

- Quinoa nach Packungsanweisung garen

- Avocado halbieren, Fruchtfleisch entnehmen und klein schneiden

- Schafkäse klein schneiden

- Quinoa, Erbsen, Avocado und Schafkäse in eine Schüssel geben und mischen

- Zitronensaft, Olivenöl und Essig dazugeben

- mit Salz würzen

- mit Koriander servieren

Brennwert: ca. 770 Kalorien

Möhrenspaghetti mit Pesto

Zutaten:

- 2 Möhren
- 1 Knoblauchzehe
- 30 g Pinienkerne
- 20 g Parmesan
- 50 ml Olivenöl
- 50 g Basilikum
- Salz und Pfeffer

Zubereitung:

- Pinienkerne ohne Öl in Pfanne goldbraun anbraten
- Knoblauch klein schneiden
- Pinienkerne, Knoblauch und Basilikum in Mixer geben und pürieren
- 30 ml Olivenöl und Parmesan in den Mixer geben und nochmal pürieren
- Möhren in Julienne-Streifen schneiden und in Pfanne mit restlichem Öl braten
- mit Salz und Pfeffer würzen
- Möhrenspaghetti mit Pesto servieren

Brennwert: ca. 670 Kalorien

Gemüse chinesischer Art

Zutaten für 2 Person:

- 200 g Seitan

- 100 g Zucchini

- 100 g Aubergine

- 100 g Brokkoli

- 6 Paprika

- 40 g Erbsen

- 8 Champignons

- 2 Zwiebeln

- 4 Möhren

- 4 EL Sojasauce

- Chili-flocken

- Salz und Pfeffer

Zubereitung:

- alle Gemüsesorten jeweils klein schneiden

- Seitan würfeln und in Pfanne mit Öl anbraten

- das ganze Gemüse dazugeben und gut umrühren

- Sojasauce dazugeben

- Chili-flocken streuen

- mit Salz und Pfeffer würzen

Brennwert: ca. 200 Kalorien

Gefüllte Paprika

Zutaten für 2 Personen:

- 4 kleine Paprikaschoten

- 250 g Tomaten

- 125 g Zwiebeln

- 200 g Hackfleisch

- 1 EL Tomatenmark

- 3 EL Olivenöl

- Salz und Pfeffer

Zubereitung:

- Paprikaschoten am Stielende so schneiden, dass man sie füllen kann

- Zwiebeln und Tomaten klein schneiden

- Zwiebeln in Pfanne mit Öl andünsten, danach Hackfleisch unterrühren und ebenfalls kochen lassen

- Tomaten und 1 EL Tomatenmark dazugeben

- mit Salz und Pfeffer würzen

- Paprikaschoten füllen und mit Deckel kochen lassen

Brennwert: ca. 130 Kalorien

Thunfisch Tortellini

Zutaten für 3 Personen:

- 1 Packung (500 g) Käsetortellini

- 1 Dose (190 g) Thunfisch in eigenem Saft

- 250 g Schlagsahne

- 1 EL Mehl

- 2 EL Olivenöl

- 1 Zwiebel

- 1 Knoblauchzehe

- 300 g gefrorene Erbsen

- 200 ml Wasser

- Salz & Pfeffer

Zubereitung:

- Zwiebel und Knoblauchzehe klein hacken, in Pfanne mit Öl andünsten und Mehl drüber streuen

- Schlagsahne, 200 ml Wasser, Brühe, Erbsen dazugeben und etwa 5 Minuten kochen lassen

- Salz und Pfeffer dazugeben

- Tortellini nach Packungsanweisung kochen, abgießen und einen Topf geben

- Thunfisch und gekochte Soße dazugeben und anrichten

Brennwert: ca. 230 Kalorien

Kabeljau mit Gemüse

Zutaten:

- 100 g Kabeljau
- 1 Sellerie
- 1 rote Paprika
- 1 Aubergine
- 2 Pastinaken
- 2 EL Olivenöl
- Salz, Pfeffer und Basilikum

Zubereitung:

- Fischfilet halbieren
- Paprika, Sellerie, Aubergine und Pastinaken klein schneiden
- Gemüse in Pfanne mit Öl etwa 5 Minuten anbraten
- Gemüse danach in separate Schüssel geben, Filet in Schüssel geben und anbraten
- Gemüse nochmal in die Pfanne geben und garen lassen
- mit Salz, Pfeffer und Basilikum würzen

Brennwert: ca. 250 Kalorien

Putenbrust mit Mango und Mangold

Zutaten für 2 Person:

- 400g Putenbrust
- 2 Mango
- 200g Mangold
- 2 EL Kokosöl
- Salz und Pfeffer

Zubereitung:

- Mango schälen und klein schneiden
- Mangold waschen und verteilen
- Putenbrust in Stücke schneiden und in Pfanne mit Öl braten
- mit Salz und Pfeffer würzen
- Putenbrust mit Mango und Mangold auf Teller servieren

Brennwert: ca. 270 Kalorien

Steak mit Avocado

Zutaten:

- 175 g Steak
- 150 g Kirschtomaten
- ½ Zwiebel
- 1 Bund Petersilie
- ½ Avocado
- 1 EL Olivenöl
- Salz und Pfeffer

Zubereitung:

- Tomaten und Zwiebeln klein schneiden
- Avocado halbieren, entkernen und Fruchtfleisch entnehmen
- Petersilie grob hacken
- Steak in Stücke schneiden und in einer Pfanne mit Öl anbraten
- Zwiebel, Tomaten und Avocado dazugeben
- mit Salz und Pfeffer würzen
- servieren und Petersilie beilegen

Brennwert: ca. 220 Kalorien

Curry Hähnchen

Zutaten für 2 Personen:

- 250 g Hähnchenfilet
- 200 ml Kokosmilch
- 125 g Spinat
- 2 Tomaten
- ½ Zwiebel
- 1 Knoblauchzehe
- 1 EL Currypulver
- Salz und Pfeffer

Zubereitung:

- Zwiebeln und Knoblauch fein schneiden
- Tomaten und Fleisch würfeln
- Fleisch in Pfanne mit Öl anbraten
- Zwiebeln und Knoblauch dazugeben und kochen lassen
- Tomaten dazugeben
- Curry drüber streuen
- Kokosmilch dazugeben und etwa 10 Minuten kochen lassen
- mit Salz und Pfeffer würzen
- mit Spinat servieren

Brennwert: ca. 130 Kalorien

Garnelenpfanne

Zutaten:

- 6 Garnelen

- 1 Knoblauchzehe

- 75 g Tomaten

- 3 EL Olivenöl

- 2 Zweige Rosmarin

- 3 Stiele Thymian

- Zitronensaft

- Salz

- Chili-flocken

- 150 ml Wasser

Zubereitung:

- Knoblauchzehe fein schneiden, Tomaten würfeln und Blätter bzw. Stiele von Thymian und Rosmarin abzupfen

- 2 EL Öl in Pfanne geben, Garnelen, Thymian, Knoblauch und Rosmarin etwa 2 Minuten kochen lassen

- Salz und Chili-flocken dazugeben

- 150 ml Wasser und Tomaten dazugeben, kochen lassen

- Zitronensaft, 1 EL Öl und nach Bedarf nochmal Salz und Chili-flocken dazugeben, gut mischen

Brennwert: ca. 130 Kalorien

Nudeln mit Olivenpesto

Zutaten:

- 125 g Nudeln

- 50 g Oliven

- ½ Knoblauchzehe

- 2 Sardellenfilet

- 1 EL Kapern

- 1 EL Olivenöl

- ½ Tomate

- 1 EL geriebener Parmesan

- Basilikum

- Salz und Pfeffer

Zubereitung:

- Nudeln nach Packungsanleitung garen

- Knoblauch schälen und grob hacken

- Oliven entkernen und fein schneiden

- Oliven, Knoblauch, Kapern Sardellenfilet und Basilikum in eine Schüssel geben und pürieren

- Tomate würfeln und ebenfalls zur Schüssel geben, würzen

- Nudeln abtropfen und mit Pesto zusammen in Pfanne mit Öl anbraten

- auf Teller richten und sofort servieren

Brennwert: ca. 670 Kalorien

Reispfanne mit Shrimps

Zutaten:

- 60 g Reis

- 100 g Shrimps

- 75 g Putenschnitzel

- 1 Frühlingszwiebel

- 50 g Weißkohl

- ½ Tomate

- 1 EL Öl

- Salz und Pfeffer

Zubereitung:

- Reis nach Packungsanleitung garen

- Frühlingszwiebel in Ringe schneiden, Tomate würfeln und Weißkohl hobeln

- Schnitzel in Streifen schneiden

- Frühlingszwiebel und Weißkohl in Pfanne mit Öl andünsten

- Schnitzel und Shrimps dazugeben, kochen lassen

- Reis dazugeben, würzen

- Tomaten und Frühlingszwiebel dazugeben und sofort servieren

Brennwert: ca. 480 Kalorien

Spaghetti mit Sahnesauce

Zutaten:

- 125 g Spaghetti

- 50 g Sahne

- 100 g Paprika

- 50 ml Gemüsebrühe

- ½ Knoblauchzehe

- ½ Peperoni

- 2 TL Olivenöl

- 1 Sardellenfilet

- Salz und Pfeffer

Zubereitung:

- Nudeln nach Packungsanleitung garen

- Knoblauch, Sardellenfilet und Paprika grob hacken

- Peperoni zerbröseln und mit Knoblauch und Sardellen in Topf mit Öl anbraten

- Paprika dazugeben, kurz kochen lassen

- Gemüsebrühe und Sahne dazugeben, würzen und kochen lassen

- Nudeln abtropfen und mit Sahnesauce auf Teller richten

Brennwert: ca. 690 Kalorien

Spaghetti mit Zucchini

Zutaten:

- 125 g Spaghetti

- 125 g Zucchini

- 1 EL Olivenöl

- 1 EL Butter

- 15 g geriebener Parmesan

- Salz und Pfeffer

Zubereitung:

- Nudeln nach Packungsanleitung garen

- Zucchini in dünne Scheiben schneiden und in Pfanne mit Öl anbraten

- Spaghetti abtropfen und mit Butter zusammen zur Pfanne geben

- würzen, kochen lassen und sofort servieren

Brennwert: ca. 650 Kalorien

Gemüsetopf Toskana

Zutaten:

- 200 g Tomaten
- ½ Zucchini
- 1 Kartoffel
- 50 g Paprika
- ½ Zwiebel
- ½ Knoblauchzehe
- 1 EL Olivenöl
- 120 ml Gemüsebrühe
- 1 EL geriebener Parmesan

Zubereitung:
- Zucchini halbieren und in dünne Scheiben schneiden
- Kartoffeln in Scheiben schneiden, Zwiebel fein schneiden
- Tomaten fein schneiden und zerdrücken
- Paprika in Streifen schneiden, Knoblauch grob hacken
Zwiebel, Zucchini und Knoblauch in Pfanne mit Öl anbraten
- Kartoffel, Paprika, Tomaten und Gemüsebrühe dazugeben
- würzen und etwa 10 Minuten kochen lassen
- auf Teller richten, mit Parmesan bestreuen und sofort servieren

Brennwert: ca. 475 Kalorien

Paella

Zutaten:

- jeweils 125 g Hähnchenbrustfilet und Reis

- 200 ml Fischfond

- 100 ml Gemüsebrühe

- 100 g Shrimps

- 50 g Paprikaschote

- ½ Tomate

- ½ Knoblauchzehe

- 1 Frühlingszwiebel

- 1 EL Olivenöl

- ½ Zitrone

Zubereitung:

- Paprikaschoten in Streifen schneiden, Tomate würfeln

- Frühlingszwiebel in Ringe schneiden, Hähnchen würfeln

- Tomaten, Paprika und Schrimps mit Reis mischen und 15 Minuten in Salzwasser kochen lassen

- Knoblauch grob hacken, mit Hähnchen und Zwiebeln zusammen in Pfanne mit Öl andünsten

- Reis, Fischfond und Gemüsebrühe dazugeben, kochen lassen

- Reis zur Pfanne geben, nochmal kochen lassen und sofort servieren

Brennwert: ca. 540 Kalorien

Japanischer Reistopf

Zutaten:

- 125 g Reis

- 125 g Hähnchenbrustfilet

- 2 Frühlingszwiebel

- ½ Ingwer

- 4 TL Öl

- 2 EL Sojasauce

- 2 EL Gemüsebrühe

- 1 Ei

- Salz, Pfeffer und Zucker

Zubereitung:

- Hähnchenbrustfilet in Streifen schneiden

- Frühlingszwiebel in Ringe schneiden, Ingwer schälen

- alle drei Zutaten in Pfanne mit 3 TL Öl anbraten

- Sojasauce und Zucker dazugeben

- Reis in separater Pfanne mit Gemüsebrühe und restlichem Öl garen

- Ei in Schüssel verrühren, mit Salz und Pfeffer würzen

- Eimasse zur Reispfanne geben und kurz kochen lassen

- Reispfanne und Hähnchenpfanne auf Teller richten und sofort servieren

Brennwert: ca. 470 Kalorien

Hackfleisch-Tortellini mit Joghurt

Zutaten:

- 125 g Tortellini

- 100 g Rinderhackfleisch

- 75 g Joghurt

- 2 Frühlingszwiebel

- 2 TL Olivenöl

- ½ Knoblauchzehe

- 2 TL Zitronensaft

- 1 TL Paprikapulver

- Salz und Pfeffer

Zubereitung:

- Tortellini nach Packungsanleitung garen

- Frühlingszwiebel in Ringe schneiden und mit Hackfleisch zusammen in Pfanne mit Öl anbraten

- Paprikapulver dazugeben, würzen

- Knoblauch grob hacken und mit Joghurt zusammen in eine Schüssel geben

- Zitronensaft dazugeben, salzen und verrühren

- Nudeln abtropfen und zum Hackfleisch geben, mischen und kochen lassen

- Hackfleisch-Tortellini mit Joghurt auf Teller richten und sofort servieren

Brennwert: ca. 550 Kalorien

Steak mit Sauce

Zutaten:

- 100 g Rindersteak

- ½ Knoblauchzehe

- ½ Ingwer

- ½ Peperoni

- 2 EL Öl

- 1 EL Sesamsamen

- 2 EL Sojasauce

- 2 EL Gemüsebrühe

- Zucker, Salz und Pfeffer

Zubereitung:

- Backofen auf etwa 100 °C vorheizen

- Steaks würzen in Pfanne mit Öl kurz anbraten

- anschließend für etwa 5 Minuten in den Ofen geben

- Knoblauch und Ingwer schälen und fein hacken

- Peperoni zerbröseln und mit Knoblauch und Ingwer zusammen in Pfanne mit Öl anbraten

- Sesamsamen, Gemüsebrühe und Sojasauce dazugeben

- würzen und kurz kochen lassen

- Steaks in Streifen schneiden und mit Sauce servieren

Brennwert: ca. 445 Kalorien

Entenbrust mit Sauce

Zutaten:

- 150 g Entenbrust
- 100 ml Gemüsebrühe
- 1 Schalotten
- 2 EL Öl
- 2 EL Sojasauce
- 1 EL Balsamico Creme
- Salz und Pfeffer

Zubereitung:

- Backofen auf etwa 200 °C vorheizen
- Entenbrust einritzen, würzen und kurz in Pfanne mit Öl anbraten
- anschließend in den Ofen geben und etwa 10 Minuten garen lassen
- Schalotte schälen, würfeln und in einer separaten Pfanne mit Öl anbraten
- Gemüsebrühe, Sojasauce und Balsamico Creme dazugeben, würzen und etwa 5 Minuten kochen lassen
- Entenbrust in Streifen schneiden und mit Sauce sofort servieren

Brennwert: ca. 420 Kalorien

Lammkotelette mit Honigsauce

Zutaten:

- 100 g Lammkotelette

- 1 EL Honig

- ½ Knoblauchzehe

- 2 EL Sojasauce

- 1 EL Öl

- 2 EL Gemüsebrühe

- 1 TL Zitronensaft

- Salz und Pfeffer

Zubereitung:

- Lammkotelette würzen und in Pfanne mit Öl anbraten

- Knoblauch fein hacken, zur Pfanne geben und anbraten

- die restlichen Zutaten ebenfalls zur Pfanne geben

- das Ganze würzen, etwa 5 Minuten kochen lassen und sofort servieren

Brennwert: ca. 250 Kalorien

Schnitzel mit Rucola-Tomaten

Zutaten:

- 100 g Kalbsschnitzel
- handvoll Rucola
- 1 Tomate
- 1 EL Balsamico Creme
- 1 EL geriebener Parmesan
- 1 EL Öl
- Salz und Pfeffer

Zubereitung:

- Tomate in Schieben schneiden
- Kalbsschnitzel würzen und in Pfanne mit Öl braten
- danach mit Tomaten und Rucola auf Teller richten
- mit Balsamico Creme beträufeln, Parmesan bestreuen und sofort servieren

Brennwert: ca. 255 Kalorien

Filetragout

Zutaten:

- 100 g Schweinefilet

- 50 g Schalotten

- 60 ml Gemüsebrühe

- ½ Knoblauchzehe

- ½ Ingwer

- 1 EL Creme double

- 1 EL Öl

- 1 Lorbeerblatt

- Prise Muskatnuss

- Salz und Pfeffer

Zubereitung:

- Ingwer und Knoblauch schälen und hacken

- Schalotten schälen und klein schneiden

- Fleisch in dünne Streifen schneiden und in Pfanne mit Öl anbraten

- Knoblauch, Ingwer und Schalotten dazugeben und würzen

- Lorbeerblatt und Muskatnuss dazugeben und etwa 5 Minuten kochen lassen

- Creme double dazugeben und kurz kochen lassen

- nochmal würzen und sofort servieren

Brennwert: ca. 240 Kalorien

Fischfilet mit Kokos-Sauce

Zutaten:

- 100 g Seefischfilet

- 100 ml Kokosmilch

- ½ Knoblauchzehe

- ½ Peperoni

- 1 TL Gemüsebrühe

- 1 TL Limettensaft

- 1 EL Öl

- Salz und Pfeffer

Zubereitung:

- Koksmilch in einem Topf erhitzen

- Knoblauch fein hacken, Peperoni zerbröseln und beides mit Gemüsebrühe zusammen in den Topf geben

- würzen und kurz kochen lassen

- Fischfilet würzen und in Pfanne mit Öl anbraten

- Limettensaft dazugeben

- Fischfilet mit Sauce auf Teller richten und sofort servieren

Brennwert: ca. 170 Kalorien

Fischfilet mit Sahne

Zutaten:

- 100 g Fischfilet

- 1 Frühlingszwiebel

- ½ Ingwer

- 50 ml Fischfond

- 1 EL Butter

- 1 EL Sahne

- 1 EL Creme fraiche

- 1 TL Limettensaft

- 1 TL Gemüsebrühe

- 1 TL Öl

Zubereitung:

- Frühlingszwiebel in Ringe schneiden, Ingwer fein hacken

- beides in einem Topf mit Butter anbraten

- Fischfond, Creme fraiche, Sahne, Gemüsebrühe und Limettensaft dazugeben, etwa 5 Minuten kochen lassen

- Fischfilet würzen und in einer Pfanne mit Öl braten

- Fischfilet mit Sahne auf Teller richten und sofort servieren

Brennwert: ca. 320 Kalorien

Fischfilet mit Tomaten

Zutaten:

- 100 g Fischfilet

- 125 g Kirschtomaten

- 1 TL Thymian

- 1 Frühlingszwiebel

- ½ Knoblauchzehe

- 1 TL Kapern

- handvoll Basilikum-Blättchen

- 2 EL Olivenöl

Zubereitung:

- Fischfilet würzen und mit Thymian bestreuen

- Tomaten in Scheiben schneiden, Zwiebel in Ringe schneiden

- Knoblauch und Basilikum-Blättchen grob hacken

- Fischfilet in Pfanne mit 1 EL Öl braten

- alle restlichen Zutaten in eine Schüssel geben und verrühren

- Fischfilet mit Tomaten servieren

Brennwert: ca. 300 Kalorien

Lachsfilet russisch

Zutaten:

- 100 g Lachsfilet

- 50 g Paprikaschote

- 50 g Rote Beete

- 1 Frühlingszwiebel

- 1 TL Kapern

- 2 TL Zitronensaft

- 2 EL Öl

- Salz und Pfeffer

Zubereitung:

- Paprika und Rote Beete würfeln, Zwiebel in Ringe schneiden

- alle Zutaten (außer Lachsfilet) in einer Schüssel vermischen

- Lachsfilet würzen und in einer Pfanne mit restlichem Öl braten

- Lachsfilet mit Sauce auf Teller richten und sofort servieren

Brennwert: ca. 460 Kalorien

Thunfisch mit Spargel

Zutaten:

- 125 g Thunfisch

- 75 g Spargel

- ½ Ingwer

- 2 EL Sojasauce

- 2 EL Orangensaft

- 1 TL Limettensaft

- 2 EL Öl

- Zucker, Salz und Pfeffer

Zubereitung:

- Ingwer schälen und in Scheiben schneiden

- Sojasauce, Orangensaft, Limettensaft und Zucker in einer Schüssel vermischen

- Spargel in dünne Streifen schneiden und in Pfanne mit 1 EL Öl anbraten

- Spargel herausnehmen, zur Schüssel geben und mischen

- Thunfisch würfeln und in Pfanne mit restlichem Öl anbraten

- Spargel-Mischung unterrühren, kurz kochen lassen

- würzen, auf Teller reichten uns sofort servieren

Brennwert: ca. 400 Kalorien

Schnittsalat mit Ziegenkäse

Zutaten:

- 60 g Frühstücksspeck

- 50 g Ziegenkäse

- ¼ Kopf Schnittsalat

- 50 g Kirschtomaten

- 1 Frühlingszwiebel

- 1 EL Essig

- 3 EL Olivenöl

- Salz und Pfeffer

Zubereitung:

- Frühlingszwiebel in Ringe schneiden, Tomaten halbieren

- Schnittsalat halbieren

- Essig in einer Schüssel mit 2 ELOlivenöl vermischen, würzen

- Ziegenkäse klein schneiden, mit Frühstücksspeck umwickeln und würzen

- Käsepäkchen in Pfanne mit restlichem Öl anbraten

- Käsepäkchen mit Salat, Tomaten und Zwiebeln auf Teller richten

- mit Dressing beträufeln und sofort servieren

Brennwert: ca. 700 Kalorien

Salat mit Hühnerleber

Zutaten:

- 70 g Hühnerleber

- 30 ml Hühnerbrühe

- 50 g Erbsen

- ½ Kopf Radicchio

- 1 EL Essig

- 2 EL Olivenöl

- Salz und Pfeffer

Zubereitung:

- Zwiebel in Ringe schneiden und mit Erbsen zusammen in Brühe aufkochen lassen

- abgießen, Brühe auffangen

- Zwiebeln und Erbsen mit Essig, 1 EL Olivenöl und Brühe in eine Schüssel geben, würzen und zu einem Dressing mischen

- Hühnerleber klein schneiden und in einer Pfanne mit restlichem Öl anbraten, würzen

- Radicchio klein zupfen und auf Teller richten

- Hühnerleber und Dressing dazugeben und sofort servieren

Brennwert: ca. 280 Kalorien

Salat mit Hähnchenbrustfilet

Zutaten:

- 100 g Hähnchenbrustfilet

- 100 g Naturjoghurt

- 3 TL Öl

- Chiliflocken

- 1 Kopf Romana Salat

- ¼ Zitrone

Zubereitung:

- Chiliflocken mit Öl vermischen und würzen

- Hähnchenbrust in Streifen schneiden und in Pfanne mit Chili-Öl braten

- Salat klein zupfen und auf Teller richten

- Zitrone pressen und Saft mit Joghurt verrühren, würzen

- Hähnchenbrustfilet auf Salat-Teller richten, mit Dressing beträufeln und sofort servieren

Brennwert: ca. 290 Kalorien

Mais-Salat mit Garnelen

Zutaten:

- 70 g Mais
- 70 g Zuckerschoten
- 60 g Garnelen
- ½ rote Zwiebel
- 1 EL Weißweinessig
- 1 TL Senf
- 2 EL Olivenöl
- Salz und Pfeffer

Zubereitung:

- Zuckerschoten in Salzwasser aufkochen und abtropfen
- Zwiebel in feine Streifen schneiden
- Essig in einer Schüssel mit Senf und mit 1 EL Öl vermischen, würzen
- Zuckerschoten, Zwiebel und Mais zur Schüssel geben und ordentlich mischen
- Garnelen in einer Pfanne mit restlichem Öl braten, würzen
- Garnelen mit Mais-Salat auf Teller richten und sofort servieren

Brennwert: ca. 350 Kalorien

Nudelsalat mit Rindersteak

Zutaten:

- 50 g Nudeln

- 100 g Rindersteak

- 80 g Chinakohl

- 2 EL Öl

- ¼ Ingwer

- 1 EL Zitronensaft

- 25 ml Gemüsebrühe

- Salz und Pfeffer

Zubereitung:

- Nudeln nach Packungsanleitung garen

- Rindersteak in Streifen schneiden, würzen und in Pfanne mit mit 1 EL Öl anbraten

- Ingwer schälen und reiben

- Ingwer in einer Schüssel mit 1 EL Öl, Zitronensaft und Gemüsebrühe vermischen, würzen

- Chinakohl fein schneiden, Nudeln abtropfen

- alles (außer Steak) in eine Schüssel geben und ordentlich mischen

- Nudelsalat mit Steak auf Teller richten und sofort servieren

Brennwert: ca. 440 Kalorien

Spinatsuppe mit Landjäger

Zutaten:

- 100 g Blattspinat
- 30 g Landjäger
- 2 TL Olivenöl
- 20 g Mandeln
- ½ Knoblauchzehe
- 175 ml Gemüsebrühe
- 25 g Sahne
- Salz und Pfeffer

Zubereitung:

- Mandeln in einem Topf mit Olivenöl anbraten
- Knoblauch grob hacken und mit Spinat zusammen zum Topf geben
- Brühe dazugeben, würzen und etwa 5 Minuten kochen lassen
- Suppe in einem Mixer pürieren
- Suppe mit Sahne zusammen nochmal in den Topf geben und aufkochen lassen
- Landjäger klein schneiden und in einer Pfanne braten
- Landjäger zum Topf geben, würzen
- auf Teller richten und sofort servieren

Brennwert: ca. 380 Kalorien

Bohnensuppe mit Speck

Zutaten:

- 100 g Bohnenkerne

- 100 ml Fleischbrühe

- 30 g Frühstücksspeck

- 25 g Sahne

- ½ Birne

- Salz und Pfeffer

Zubereitung:

- Bohnenkerne in einem Topf mit Brühe aufkochen

- dann auf niedriger Hitze etwa 5 Minuten kochen lassen

- Frühstücksspeck würfeln und in einer Pfanne braten

- Suppe pürieren

- Sahne dazugeben, würzen und kochen lassen

- Birne würfeln und zur Pfanne geben

- Suppe mit Speck und Birnen auf Teller richten und sofort servieren

Brennwert: ca. 450 Kalorien

Spaghetti mit Meeresfrüchten

Zutaten:

- 125 g Spaghetti

- 75 g Meeresfrüchte

- ½ Frühlingszwiebel

- 40 g Fenchel

- 2 TL Olivenöl

- 1 EL Tomatenmark

- Salz und Pfeffer

Zubereitung:

- Nudeln nach Packungsanleitung garen

- Zwiebel in Ringe schneiden, Fenchel in Streifen schneiden

- beides in einer Pfanne mit Öl anbraten

- Tomaten und Meeresfrüchte dazugeben, würzen und etwa 5 Minuten kochen lassen

- Nudeln abtropfen und mit Meeresfrüchten sofort servieren

Brennwert: ca. 550 Kalorien

Penne mit Gemüse-Thunfisch

Zutaten:

- 125 g Penne

- 100 g Thunfisch aus der Dose

- 100 g Farmer-Gemüse

- ¼ Knoblauchzehe

- 100 g Tomaten aus der Dose

- Salz und Pfeffer

Zubereitung:

- Nudeln nach Packungsanleitung garen

- Knoblauch und Tomaten grob hacken, Thunfisch mit einer Gabel zerdrücken

- Knoblauch, Tomaten und Thunfisch mit Gemüse vermischen und würzen

- Nudeln abtropfen lassen und mit Gemüse-Thunfisch servieren

Brennwert: ca. 635 Kalorien

Nudeln mit Kalbsschnitzel

Zutaten:

- 125 g Nudeln
- 80 g Kalbsschnitzel
- 25 g Schinken (geräuchert)
- 1 EL Olivenöl
- 1 TL Butter
- ¼ Knoblauchzehe
- Salz und Pfeffer

Zubereitung:
- Nudeln nach Packungsanleitung garen
- Kalbsschnitzel und Schinken in Streifen schneiden
- Knoblauch grob hacken und in einer Pfanne mit Öl andünsten
- Schinken dazugeben und braten lassen
- anschließend Kalbsschnitzel dazugeben, würzen und braten
- Nudeln abtropfen und mit Pfannen-Mischung sofort servieren

Brennwert: ca. 635 Kalorien

Ungarische Makkaroni

Zutaten:

- 125 g Makkaroni

- 60 g Salami

- 1 Zwiebel

- 1 EL Butterschmalz

- ¼ Knoblauchzehe

- 30 ml Fleischbrühe

- Salz und Pfeffer

Zubereitung:

- Nudeln nach Packungsanleitung garen

- Salami und Zwiebel würfeln

- beides in einer Pfanne mit Butterschmalz anbraten

- Knoblauch grob hacken und dazugeben

- Fleischbrühe dazugeben, würzen und zugedeckt etwa 10 Minuten kochen lassen

- Nudeln abtropfen und mit Pfanne-Mischung sofort servieren

Brennwert: ca. 750 Kalorien

Bandnudeln mit Lammragout

Zutaten:

- 125 g Bandnudeln

- 60 g Lammrücken

- ½ Selleriestange

- ½ Möhre

- ¼ Zwiebel

- 2 EL Olivenöl

- 100 g Tomaten aus der Dose

- 40 ml Gemüsebrühe

- Salz und Pfeffer

Zubereitung:

- Nudeln nach Packungsanleitung garen

- Lammfleisch würfeln, Sellerie klein schneiden

- Möhre und Zwiebel fein hacken

- Lammfleisch in einer Pfanne mit Öl anbraten

- alle anderen Zutaten (außer Nudeln) dazugeben, würzen und zugedeckt etwa 10 Minuten kochen lassen

- Nudeln abtropfen und mit Pfanne-Mischung sofort servieren

Brennwert: ca. 695 Kalorien

Reis mit Paprika und Lamm

Zutaten:

- 100 g Reis

- 60 g Lammrücken

- 1 Knoblauchzehe

- 2 EL Olivenöl

- ½ Tomate

- 1 Paprika

- ¼ Bund Petersilie

- Salz und Pfeffer

Zubereitung:

- Reis nach Packungsanleitung garen

- Lammfleisch würfeln, Paprika in feine Streifen schneiden

- Knoblauch fein hacken und mit 1 EL Olivenöl verrühren

- Tomate würfeln und Petersilie grob hacken

- Fleisch in einer Pfanne mit restlichem Öl anbraten

- Reis abtropfen und zur Pfanne geben

- restlichen Zutaten dazugeben, würzen und etwa 3 Minuten kochen lassen

- auf Teller richten und sofort servieren

Brennwert: ca. 425 Kalorien

Basmatireis mit Garnelen

Zutaten:

- 100 g Basmatireis
- 60 g Garnelen
- 20 g Cashewnüsse
- 20 g Rosinen
- ¼ Zitrone
- 1 EL Öl
- Salz und Pfeffer

Zubereitung:

- Reis nach Packungsanleitung garen
- Nüsse grob hacken und in einer Pfanne mit Öl anrösten
- Reis abtropfen und zur Pfanne geben
- Rosinen dazugeben und etwa 3 Minuten kochen lassen
- Garnelen in einer separaten Pfanne braten
- Zitrone pressen und dazugeben, würzen
- Garnelen zur Reispfanne geben, kurz kochen lassen und sofort servieren

Brennwert: ca. 570 Kalorien

Gemischte Bulgurpfanne

Zutaten:

- 80 g Bulgur

- 100 g Hähnchenbrustfilet

- 175 ml Hühnerbrühe

- ½ Zwiebel

- 2 EL Olivenöl

- 70 g gemischte Meeresfrüchte

- Salz und Pfeffer

Zubereitung:

- Zwiebel würfeln und Hähnchenbrustfilet in Streifen schneiden

- Hähnchenbrustfilet würzen, in einer Pfanne mit 1 EL Öl anbraten und beiseite stellen

- Zwiebel in derselben Pfanne mit Öl andünsten

- Bulgur dazugeben und kurz kochen lassen

- anschließend mit Brühe ablöschen und Meeresfrüchte dazugeben

- würzen und etwa 10 Minuten kochen lassen

- Hähnchenbrustfilet ebenfalls zur Pfanne geben und kurz aufkochen lassen

- würzen, auf Teller richten und sofort servieren

Brennwert: ca. 570 Kalorien

Kabeljau mit Bohnen

Zutaten:

- 50 g Kabeljau

- 125 g grüne Bohnen

- 40 g Schalotten

- ¼ Bund Petersilie

- 1 EL Butter

- Salz und Pfeffer

Zubereitung:

- Bohnen in Salzwasser garen

- Kabeljau einritzen und würzen

- Schalotten in Scheiben schneiden, Petersilie grob hacken

- Kabeljau in einer Pfanne mit Butter anbraten

- Schalotten dazugeben, würzen und kochen lassen

- Bohnen abtropfen und mit Pfannen-Mischung auf Teller richten

- mit Petersilie bestreuen und sofort servieren

Brennwert: ca. 295 Kalorien

Fischragout

Zutaten:

- 150 g Fischfilet
- 150 ml Fischfond
- ½ Zwiebel
- ¼ Bund Petersilie
- 1 Selleriestange
- 1 EL Olivenöl
- ¼ Zitrone
- Salz und Pfeffer

Zubereitung:
- Zwiebel in Streifen schneiden, Petersilie grob hacken
- Sellerie in Scheiben schneiden
- alle drei Zutaten in einem Topf mit Öl anbraten und würzen
- Fischfond dazugeben und kochen lassen
- Fischfilet klein schneiden, würzen und dazugeben
- Zitrone pressen und Saft dazugeben, würzen
- Fischragout auf Teller richten und sofort servieren

Brennwert: ca. 435 Kalorien

Lachs mit Polenta

Zutaten:

- 150 g Lachsfilet
- 70 g Polenta
- 100 g Tomaten aus der Dose
- ½ Zitrone
- 1 Zweig Salbei
- 1 EL Olivenöl
- Salz und Pfeffer

Zubereitung:

- Polenta in einem Topf mit Salzwasser zum kochen bringen
- Tomate dazugeben und etwa 15 Minuten kochen lassen
- Fischfilet klein schneiden, Salbei grob hacken
- Zitrone auspressen
- Fischfilet und Salbei in einer Pfanne mit Öl anbraten
- Zitronensaft dazugeben und würzen
- Lachs mit Polenta auf Teller richten und sofort servieren

Brennwert: ca. 560 Kalorien

Semmelteig mit Lachs

Zutaten:

- 125 g Semmelteig

- 100 g Lachsfilet

- 70 ml Fischfond

- 1 Frühlingszwiebel

- 1 EL Öl

- 25 g Frischkäse

- Salz und Pfeffer

Zubereitung:

- Semmelteig in Klößchen formen und Salzwasser etwa 10 Minuten garen

- Lachsfilet und Frühlingszwiebel fein schneiden

- Zwiebel in einer Pfanne mit Öl andünsten

- mit Fischfond löschen und Frischkäse dazugeben

- Lachsfilet dazugeben, würzen und kurz kochen lassen

- Klößchen abtropfen und mit Lachs auf Teller richten

Brennwert: ca. 620 Kalorien

Schwertfisch mit Paprika

Zutaten:

- 40 g Schwertfisch

- ½ Paprika

- ½ Zwiebel

- 2 EL Olivenöl

- 1 EL Rosinen

- 50 g Couscous

- 2 TL Weißweinessig

- Salz und Pfeffer

Zubereitung:

- Couscous nach Packungsanleitung zubereiten

- Zwiebel in Ringe schneiden, Paprika in Streifen schneiden

- Rosinen in einem Topf mit 1 EL Öl anbraten und herausnehmen

- Zwiebel und Paprika in den Topf geben, würzen und etwa 10 Minuten kochen lassen

- Fischfilet klein schneiden, würzen und in einer Pfanne mit restlichem Öl braten

- Rosinen und Essig zum Topf geben, würzen

- alles auf einem Teller richten und sofort servieren

Brennwert: ca. 560 Kalorien

Rotbarsch mit Ananas

Zutaten:

- 30 g Rotbarsch

- 1 Knoblauchzehe

- 20 g Butter

- 1 Baguette-Hälfte

- ¼ Ananas

- 25 g Cashewnüsse

- 2 TL Schnittlauchröllchen

- Salz und Pfeffer

Zubereitung:

- den Backofen auf etwa 220 °C vorheizen

- Knoblauch presse und mit 10 g Butter verrühren, würzen

- Baguette-Hälfte mit Knoblauch-Butter bestreichen und für 5-10 Minuten in den Ofen geben

- Ananas schälen und würfeln

- Nüsse grob hacken

- Filet fein schneiden und mit Ananas in einer Pfanne mit restlichem Butter braten

- Nüsse dazugeben und würzen

- Rotbarsch mit Ananas und Baguette auf Teller richten und sofort servieren

Brennwert: ca. 645 Kalorien

Spaghetti mit Rotbarsch

Zutaten:

- 125 g Spaghetti

- 40 g Rotbarsch

- 3 Zweige Thymian

- 10 g Butter

- 1 TL Ahornsirup

- 10 g Semmelbrösel

- 1 El Öl

Zubereitung:

- den Backofen auf etwa 200 °C vorheizen

- Thymian-Blättchen abstreifen und in einer Schüssel mit Butter, Ahornsirup und Semmelbrösel vermischen, würzen

- Fischfilet klein schneiden und in einer Pfanne mit Öl anbraten, würzen

- Fischfilet auf einer Auflaufform verteilen

- Nudeln nach Packungsanleitung garen

- Schüssel-Mischung dazugeben und Form für etwa 10 Minuten in den Ofen geben

- Nudeln abtropfen und mit Rotbarsch servieren

Brennwert: ca. 655 Kalorien

Spaghetti mit Brokkoli und Schnitzel

Zutaten:

- 125 g Spaghetti

- 40 g Kalbsschnitzel

- ¼ Knoblauchzehe

- 1 EL Öl

- 60 g Brokkoli

- 40 ml Fleischbrühe

- 1 EL Butter

- Salz und Pfeffer

Zubereitung:

- Nudeln nach Packungsanleitung garen

- Knoblauch pressen und Schnitzel fein schneiden

- Schnitzel in einer Pfanne mit Öl anbraten

- Knoblauch dazugeben und würzen

- Brokkoli zurecht schneiden und zu den Nudeln geben

- Schnitzel aus der Pfanne nehmen und warm halten

- Brühe in die Pfanne gießen, Butter dazugeben und würzen

- Nudeln und Brokkoli abtropfen, mit Schnitzel und Sauce servieren

Brennwert: ca. 660 Kalorien

Spätzle mit Schnitzel und Sauerkirschen

Zutaten:

- 100 g Spätzle

- 50 g Schnitzel

- 70 g Austernpilze

- 50 g Sauerkirschen

- 2 EL Öl

- 40 g Creme fraiche

- Salz und Pfeffer

Zubereitung:

- Nudeln nach Packungsanleitung garen

- Schnitzel in Streifen schneiden, Pilze fein schneiden

- Pilze in einer Pfanne mit Öl anbraten

- Schnitzel dazugeben und würzen

- Creme fraiche und Sauerkirschen dazugeben, kochen lassen

- Nudeln abtropfen und mit Pfannen-Mischung auf Teller richten

Brennwert: ca. 680 Kalorien

Süßkartoffeln mit Steak

Zutaten:

- 50 g Steak

- 175 g Süßkartoffeln

- 1 Chilischote

- ¼ Ananas

- ¼ Mango

- 10 g Ingwer

- 2 EL Öl

- Salz und Pfeffer

Zubereitung:

- Kartoffeln schälen, würfeln und etwa 15 Minuten zugedeckt in Salzwasser garen

- Ingwer schälen und hacken, Chilischote hacken

- Ananas und Mango schälen und würfeln

- die zubereiteten Zutaten in einer Schüssel vermischen

- 1 EL Öl dazugeben und würzen

- Steaks in einer Pfanne mit restlichem Öl braten, würzen

- Kartoffeln abtropfen, mit Steak und Schüssel-Mischung sofort servieren

Brennwert: ca. 670 Kalorien

Fischcurry thailändischer Art

Zutaten:

- 125 g Kabeljau

- 50 g Reisnudeln

- 1 Frühlingszwiebel

- 70 g Mini Maiskolben

- 2 EL Öl

- 2 TL Currypaste

- 60 ml Kokosmilch

- 1 EL Sojasauce

- Salz und Pfeffer

Zubereitung:

- Reisnudeln nach Packungsanleitung garen

- Fischfilet würfeln, Zwiebel fein schneiden

- Zwiebeln in einer Pfanne mit 1 EL Öl andünsten

- Currypaste dazugeben, mischen

- mit Kokosmilch löschen und Maiskolben dazugeben

- Fischfilet und Sojasauce dazugeben, würzen und etwa 5 Minuten kochen lassen

- Reisnudeln abtropfen und mit

- Fischcurry mit Reisnudeln auf Teller richten und sofort servieren

Brennwert: ca. 500 Kalorien

Sardinen mit Sauerkraut

Zutaten:

- 250 g Sardinen

- 175 g Sauerkraut aus der Dose

- 1 Knoblauchzehe

- ½ Zweig Rosmarin

- 2 EL Öl

Zutaten:

- Rosmarin grob hacken, Knoblauch fein schneiden

- Knoblauch in einem Topf mit mit 1 EL Öl anbraten

- Sauerkraut dazugeben und zugedeckt kochen lassen

- Sardinen in einer separaten Pfanne mit restlichem Öl braten

- Rosmarin dazugeben und würzen

- Sardinen mit Sauerkraut auf Teller richten und sofort servieren

Brennwert: ca. 355 Kalorien

Schnitzel mit Langkornreis und Sauce

Zutaten:

- 125 g Schweinefilet

- 60 g Langkornreis

- 1 TL Sardellenpaste

- ¼ Zwiebel

- 1 TL Kapern

- 2 TL Weißweinessig

- 20 ml Olivenöl

- Salz und Pfeffer

Zubereitung:

- Reis nach Packungsanleitung garen

- Zwiebel und Kapern fein hacken

- beides in einer Schüssel mit Sardellenpaste, Essig und 10 ml Öl vermischen, würzen

- Fleisch in Scheiben schneiden und in einer Pfanne mit restlichem Öl anbraten, würzen

- Reis abtropfen

- Schnitzel mit Reis und Sauce auf Teller richten und sofort servieren

Brennwert: ca. 560 Kalorien

Weichweizen mit Schweinefilet

Zutaten:

- 125 g Schweinefilet

- 50 g Fetakäse

- 25 g entsteinte Oliven

- 60 g Weichweizen

- 1 EL Tomatenmark

- 1 EL Olivenöl

- ¼ Zitrone

- Salz und Pfeffer

Zubereitung:

- Weichweizen nach Packungsanleitung zubereiten

- Zitrone auspressen und Oliven fein schneiden

- Schweinefilet in Scheiben schneiden und in einer Pfanne mit Öl anbraten

- Oliven dazugeben und würzen

- Fetakäse zerbröckeln und dazugeben

- Zitronensaft dazugeben und schmelzen lassen

- Weichweizen abtropfen und mit Tomatenmark vermischen

- Weichweizen mit Schweinefilet auf Teller richten und sofort servieren

Brennwert: ca. 600 Kalorien

Hackpfanne mit Joghurt

Zutaten:

- 150 g Rinderhackfleisch

- 60 g Joghurt

- 60 g Kichererbsen

- ½ Zwiebel

- 1 EL Öl

- 1 TL Kreuzkümmel

- 1 TL Paprikapulver

- Salz und Pfeffer

Zubereitung:

- Zwiebeln fein würfeln und in einer Pfanne mit Öl andünsten

- Hackfleisch dazugeben und kurz kochen lassen

- 50 ml Wasser dazugeben und würzen

- Kichererbsen dazugeben, mit Paprikapulver würzen und etwa 5 Minuten kochen lassen

- Joghurt verrühren und würzen

- Hackpfanne mit Joghurt auf Teller richten und sofort servieren

Brennwert: ca. 450 Kalorien

Schupfnudeln mit Hähnchenschnitzel

Zutaten:

- 125 g Schupfnudeln

- 50 g Hähnchenschnitzel

- 1 EL Olivenöl

- 30 g Kirschtomaten

- 1 EL Tomatenmark

- 40 ml Hühnerbrühe

- Salz und Pfeffer

Zubereitung:

- Nudeln in einer Pfanne mit 1 EL Öl braten

- Schnitzel in einer separaten Pfanne mit restlichem Öl braten

- Tomatenmark dazugeben und würzen

- Tomaten fein schneiden und zur Schnitzel-Pfanne geben

- mit Brühe löschen, kurz aufkochen lassen und sofort im Anschluss Nudeln ebenfalls zur Schnitzel-Pfanne geben

- Nudeln mit Hähnchenfilet auf Teller richten und sofort servieren

Brennwert: ca. 480 Kalorien

Gurken-Minze Pfanne mit Garnelen

Zutaten:

- 350 g Salatgurken

- 2 Tomaten

- 175 g Garnelen

- ¼ Bund Minze

- 1 EL Olivenöl

- 40 g Creme fraiche

- Salz und Pfeffer

Zubereitung:

- Gurken in Scheiben schneiden und Tomaten grob würfeln

- Minze-Blättchen zupfen, Garnelen klein schneiden

- Gurken in einer Pfanne mit Öl anbraten

- Tomaten dazugeben und etwa 5 Minuten kochen lassen

- Garnelen und Minze dazugeben

Creme fraiche dazugeben und weitere 5 Minuten kochen lassen

- würzen, auf Teller richten und sofort servieren

Brennwert:

- ca. 415 Kalorien

Rosenkohl-Salat mit Champignon und Curry

Zutaten:

- 125 g Rosenkohl

- 40 g Champignons

- 1 El Speiseöl

- 1 TL Currypulver

- 30 ml Gemüsebrühe

- ¼ Tomate

- Salz

Zubereitung:

- Rosenkohl zurecht schneiden und in kochendem Salzwasser garen

- währenddessen Öl in einem Topf erhitzen

- Curry und Gemüsebrühe dazugeben und aufkochen lassen

- Rosenkohl abtropfen lassen und in eine Schüssel geben

- Brühe auf Rosenkohl verteilen und mischen

- Champignons fein schneiden, Tomate würfeln

- beide Zutaten ebenfalls zur Schüssel geben, salzen und mischen

- Salat auf Teller richten und sofort servieren

Brennwert:

- ca. 390 Kalorien

Garnelen mit Kokosmilch

Zutaten:

- 100 g Garnelen
- 100 ml Kokosmilch
- 1 TL Honig
- ½ Stängel Koriander
- 1 EL Sojasauce
- ¼ Chilischote

Zubereitung:

- 50 ml Kokosmilch in einem Topf erhitzen
- Garnelen dazugeben und kurz kochen lassen
- restliche Milch, Honig und Sojasauce dazugeben
- würzen und wieder kurz kochen lassen
- Koriander Blättchen zupfen und Chilischote in Ringe schneiden
- Garnelen mit Koriander und Chili auf Teller richten und sofort servieren

Brennwert:

- ca. 300 Kalorien

Spaghetti mit Garnelen

Zutaten:

- eine halbe Knoblauchzehe

- 1 Frühlingszwiebel

- 100 g geschälte Garnelen

- ¼ Bund Petersilie

- 100 g Spaghetti

- 1 EL Olivenöl

- 100 ml Gemüsebrühe

- Salz und Pfeffer

Zubereitung:

- Spaghetti nach Packungsanleitung garen

- Knoblauch und Zwiebeln jeweils fein schneiden

- Garnelen in Pfanne mit Öl anbraten

- Zwiebeln und Knoblauch dazu geben und rühren

- Gemüsebrühe dazugeben

- Nudeln abtropfen lassen, in die Pfanne geben und ordentlich umrühren

- mit Salz und Pfeffer würzen

- mit Petersilie servieren

Brennwert:

- ca. 550 Kalorien

Penne mit Tomatensauce

Zutaten:

- 100 g Penne

- 1 EL Olivenöl

- ¼ Zwiebel

- ¼ Knoblauchzehe

- 200 g Tomaten aus der Dose

- 50 g Creme fraiche

- 15 g Parmesan

- Salz und Pfeffer

Zubereitung:

- Nudeln nach Packungsanleitung zubereiten

- Zwiebeln klein schneiden und in Pfanne mit Öl andünsten

- Tomaten und Knoblauch klein schneiden und ebenfalls in Pfanne geben, würzen und etwa 15 Minuten kochen lassen

- Nudeln abtropfen und mit Tomatensauce, sowie Creme fraiche auf Teller servieren und Parmesan drüber streuen

Brennwert:

- ca. 750 Kalorien

46358507R00070

Printed in Poland
by Amazon Fulfillment
Poland Sp. z o.o., Wrocław